CARL CZERNY

160 KURZE ÜBUNGEN
160 EIGHT-BAR EXERCISES

für Klavier / for Piano

op. 821

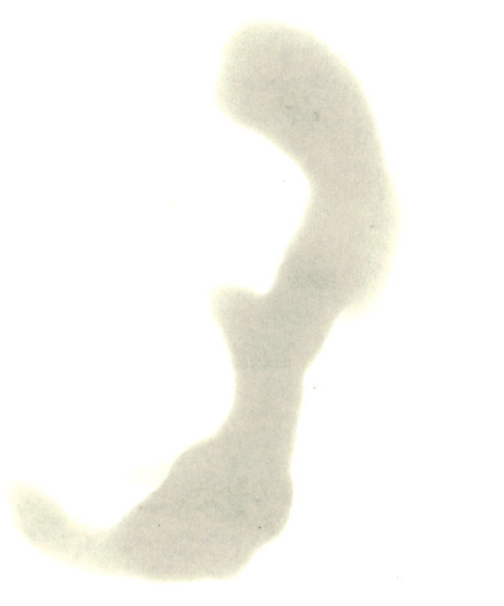

C. F. PETERS

FRANKFURT/M. · LEIPZIG · LONDON · NEW YORK

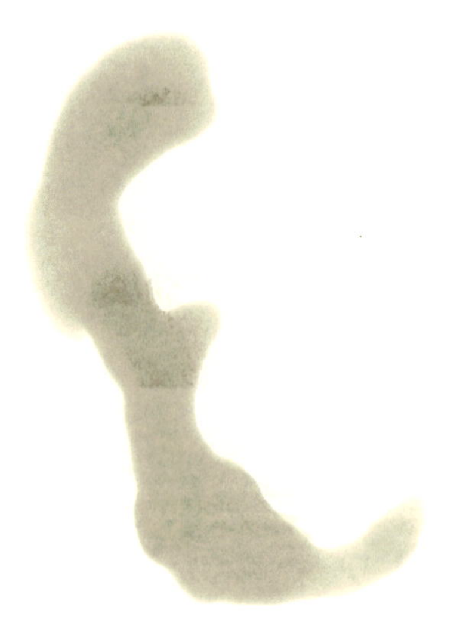

Kurze Übungen

Petites Etudes Short studies

Jede Nummer ist wenigstens achtmal nacheinander ununterbrochen im Tempo zu üben, indem sie auf diese Weise eine größere Etüde bildet.

Il faut jouer chaque numéro au moins 8 fois sans interruption, formant de cette manière une grande étude.

Each number to be practised at least 8 times without interruption, forming in this manner one great study

C. Czerny, Op. 821 Cah. I

Allegretto
3.
p
sf
f
Vivace
4.
p dolce
cresc.
sf
f
Andantino espressivo
5.
p

Andantino

6.

f

sf

Allegro vivace

7.

p

cresc.

f

Allegro
8.
f
Vivace
9.
p
sf
cresc.
f
Allegro
10.
f

sf
Allegro moderato
11.
p
Allegro moderato
12.
p
cresc.
f

Allegro moderato

13.

sf *sf* *sf* *sf*

Allegretto

14.

p scherzando *e leggiero*

15.
Allegretto
p
cresc.
f
16.
Allegro moderato
p
17.
Allegro vivace
p

Allegretto
18.
p
cresc.
f
Allegretto animato
19.
p dolce
Allegro
20.
p legato
f
dimin.
p

21. Allegretto moderato

f legato e marcato

sf

22. Allegro vivace

p

23. Allegro

p

cresc.

f

Allegro
24.
f
p
8
f
p dolce
Allegro
25.
p dolce
Allegretto
26.
p dolce

Allegretto giocoso
27.
p
Allegro moderato
28.
f legato

Allegretto moderato
29.
p dolce
Allegro
30.
Allegro
31.

Andantino grazioso
32.
p e delicatamente
Allegro
33.
f
fz
fz

Allegro
34.
8
sf
Allegro
35.
f
Allegro
36.
f
tenute

sf
sf
Allegro
37.
p leggiermente
cresc.
f
Vivace
38.
mf
legato
cresc.
f

Allegro moderato
39.
p
cresc.
sf
p
Allegro moderato
40.
f
p
Allegretto
41.
p

cresc.
f
Vivace
42.
p
cresc.
cresc.
f

Kurze Übungen

Petites Etudes *Short studies*

C. Czerny, Op. 821 Cah. II

Allegro vivace
45.
p dolce leggierm.
Allegro
46.
p
cresc.
f

Vivace
47.
cre - - - scen - - - do
Vivace
48.
cresc.
Allegro
49.

Allegretto animato
50.
dolce
p
ten.
leggiero
pp
cresc.
p
Allegro moderato
51.
p
cresc.
f
sf
dolce
p

Allegro
52.
f
Andantino
53.
p legatissimo
f
p
Vivace
54.
f

Allegro
55.
f
Allegro
56.
f
sempre staccato

Allegro
57.
f
sf
sf
sf
Vivace
58.
p
sf
f
Veloce
59.
p

cresc.
f
Andante
60.
fp
legato
fp
fp
fp
cresc.
sf
f
sf
ff
p
dolce

Allegro
61.
ten.
fp
cresc.
sf
ff
Allegro moderato
62.
p
cresc.
sf
f
Allegretto
63.
p

Andante
64.
p legato
cresc.
f
sf
p
Allegro
65.
p
cresc.
f

Allegro
66.
f
Allegro
67.
p dolce
cresc.
dimin.
p
Allegro
68.
p leggierissimo
simile

cresc.
f
Allegro vivace
69.
f
8

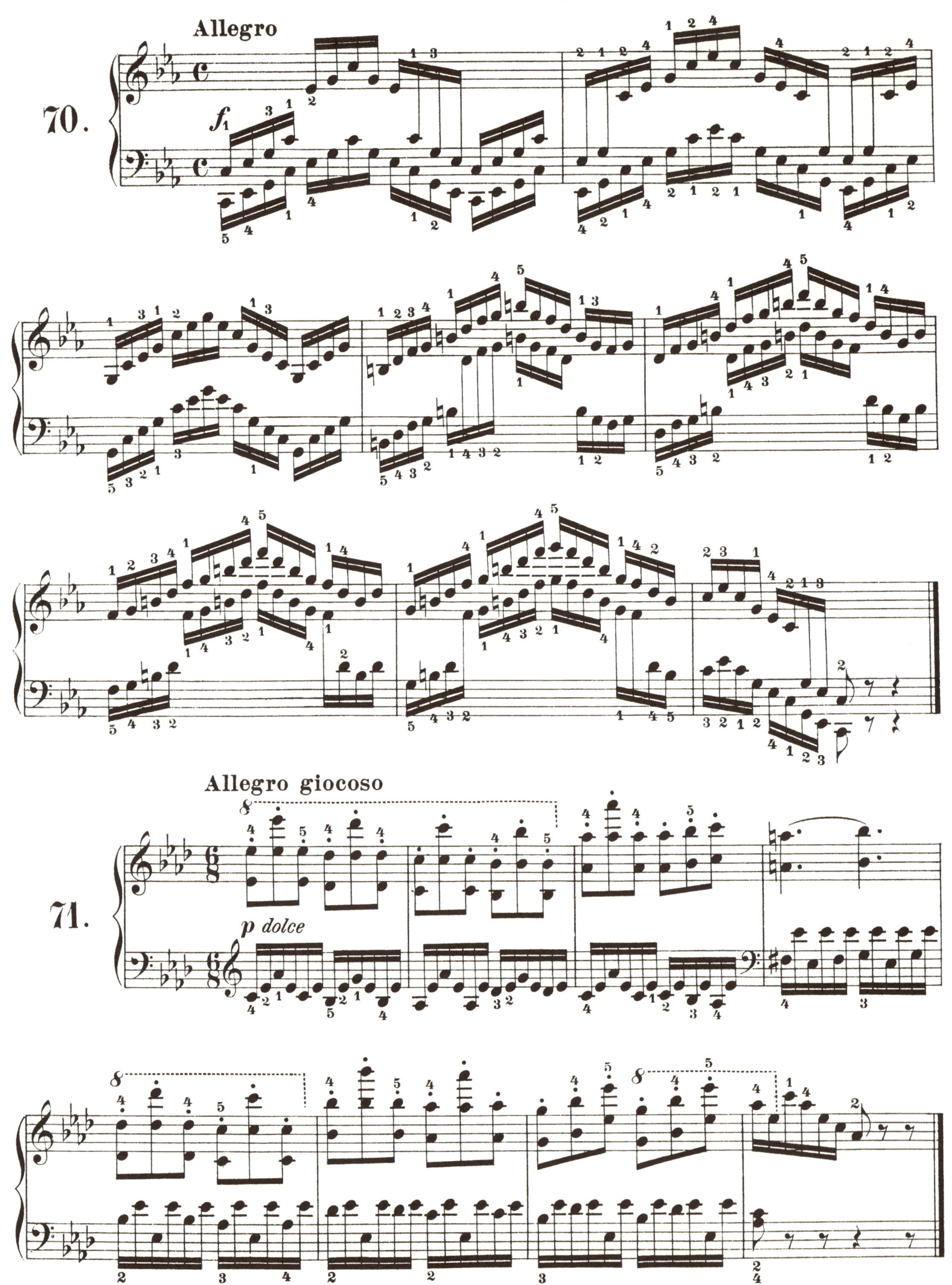
Allegro
70.
f
Allegro giocoso
71.
p dolce

Allegro moderato
72.
f legato e marcato
ff
sf
sf
Andantino espressivo
73.
f
dimin.
p
calando

Allegro
74.
f
Allegro moderato
75.
p dolce
8
dolce

Allegro
76.
Allegro
77.

Allegro vivace
78.
ff
Allegro
79.
f
staccato
ff
Allegro
80.
ten.
p
ten.

Allegro moderato
81.
ff
sf
Allegro
82.
p dolce
cresc.
f
sf
dimin.
p

Kurze Übungen

Petites Etudes   *Short studies*

Andante con moto   C. Czerny, Op. 821 Cah. III

Allegro
m.g.
84.
f
m.d.
Allegretto
85.
p leggiero
cresc.
simile
f
dimin.
p dolce
pp

Allegro
86.
leggiermente
cresc.
Allegro vivace
87.
cresc.
Allegro agitato
88.
leggiermente
cresc.

f
dimin.
p
cresc.
sf
f
sf
Presto
marcatissimo
89.
f
simile
ff

Allegro
90.
f
Allegro vivace
91.

Allegro
92.

Allegro moderato
93.
energico
sf
Allegro moderato
94.
f
Vivace
95.
dolce
simile

Allegretto vivace
96.
p
cresc.
f

Allegro agitato
tenute
97.
marcato
sf
Molto vivace.
m.g.
98.
p leggiermente
m.g.
cresc.
f

dimin.
p
Allegro veloce
ten.
f
99.
fz
Allegro vivace
100.
mf
poco cresc.
sempre cresc.
f
fz
ff

Allegro
101.
fz
fz
fz
Allegro moderato
102.
f
sf

Allegro brillante

103.

f

ff

Allegro

104.

sempre cresc.

sempre stacc.

ff

Molto allegro
105.
ffstaccato
sf
sf
Allegro
106.
f
Allegro
107.
mf

cresc.
Allegro
108.
Presto
109.

Allegro moderato
110.
f
Vivace
111.
mf
cresc.
f

Andantino
112.
p dolce
pp
calando
Agitato
113.
ff
sf
fz

Allegretto animato
114.
p dolce scherzoso
cresc. poco a
poco
f
Allegro vivace
115.
p
cresc. p. a p.
Allegro
116.
f

117. Allegro vivace

118. Molto vivace ed energico

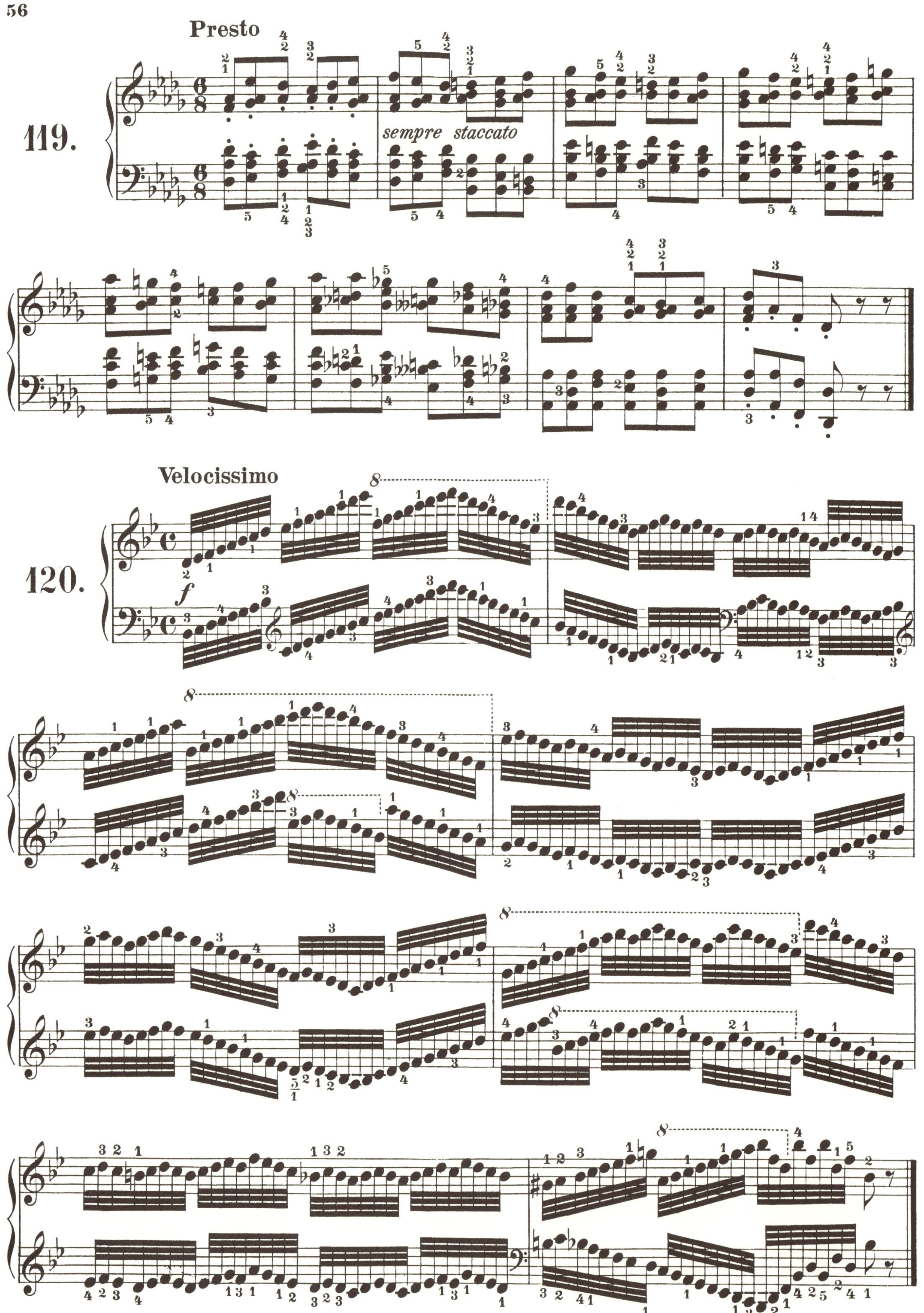
119.
Presto
sempre staccato
120.
Velocissimo

Allegro vivace
121.
p dolce legato
(Ped.
Allegro energico
122.
ff
sf

Kurze Übungen

Petites Etudes *Short studies*

Allegro vivace
125.
ff
Allegro
126.
f

Allegro
127.
ten.
mf
ten.
cresc.
8
f
8
sf
Allegro
128.
f

Allegro

129.

130.

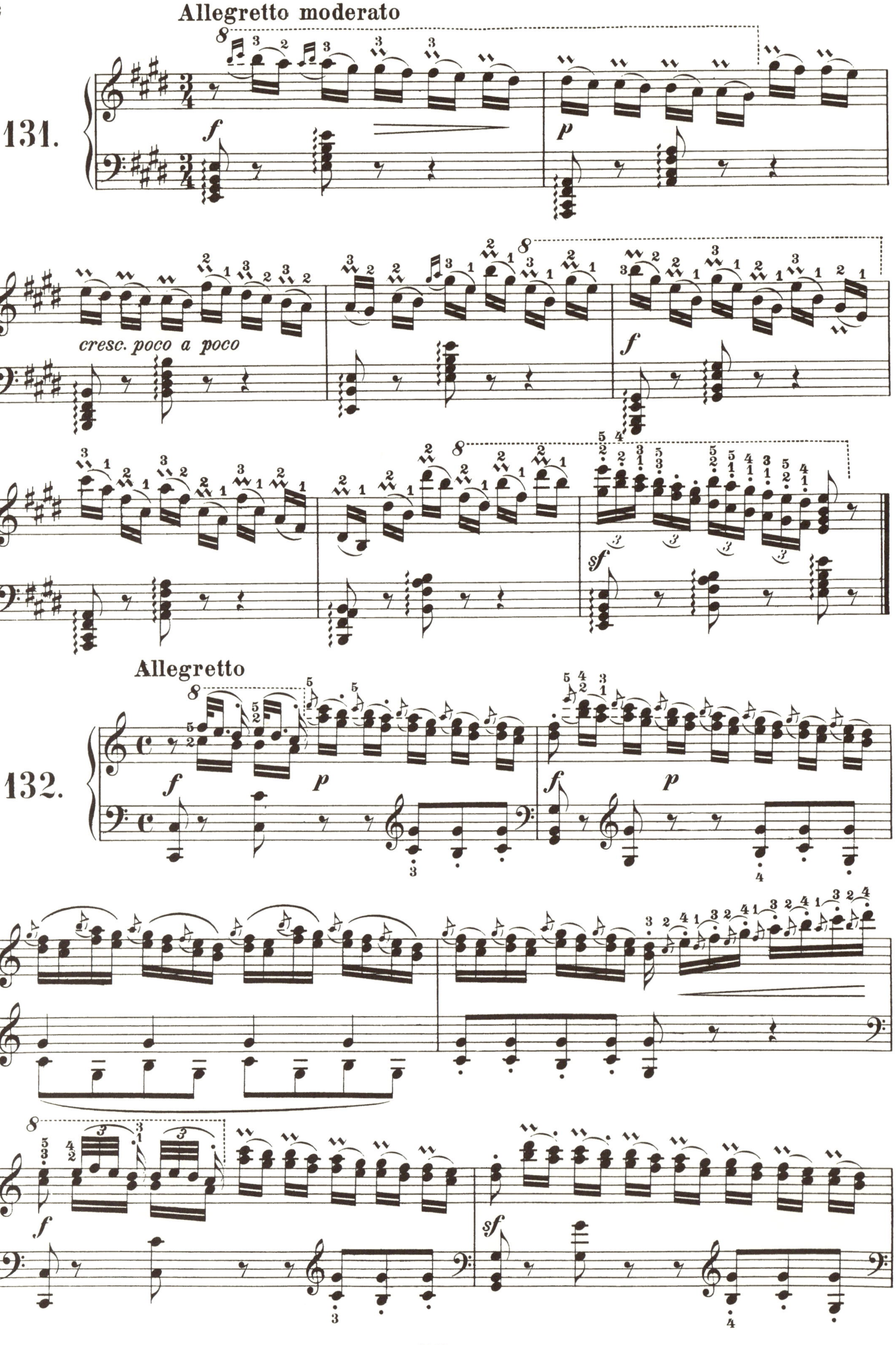

131.

cresc. poco a poco

Allegretto

132.

Allegretto animato.

133.

Presto

134.

135.

Allegro

p

cresc.

f

136.

Allegro brillante

p

simile

cresc.

8

Moderato
137.
Allegro
138.

Allegro
139.
f
Allegro
140.
f
cresc.
ff

141.
Vivace
m.g.
f
ff
142.
Allegro
f
(Ped.)
ff

143.
Allegro vivace
con fuoco
144.
Molto allegro
145.
Molto allegro

Allegro

146.

Allegro

147.

dimin. poco a poco

Molto allegro
148.
ff
fz
Allegro comodo
149.
fff
Allegro con bravura
150.
sff
sf
sfz

Allegro vivace
151.
f
Allegro vivace
152.
p
cresc.
f
dimin.
cresc. poco a poco
f

Molto allegro
martellato
153.
f
Vivace
154.
p
cresc.
f

Allegretto
155.
cresc.
Allegretto
156.

Allegro vivace
157.
Allegro
158.

Allegro
159.
Molto allegro
160.

KLAVIERKONZERTE / PIANO CONCERTOS

(Ausgaben für 2 Klaviere / Two-piano editions)

J. CHR. BACH Konzert D-Dur op. 13 Nr. 2 .... EP 4262

J. S. BACH Konzert d-Moll BWV 1052 (Schulze/K. Schubert). . . EP 9980

– Konzert E-Dur BWV 1053 (Held). .... EP 9981

– Konzert A-Dur BWV 1055 (Soldan). .... EP 4467

– Konzert f-Moll BWV 1056 (Schulze/K. Schubert) .... EP 9983

– Konzert C-Dur BWV 1061a Originale Erstfassung für 2 Klaviere zusammen mit 2 Fugen aus der »Kunst der Fuge« BWV 1080/18 (Chr. Wolff) .... EP 8611

– Doppelkonzert C-Dur BWV 1061 (Griepenkerl) .... EP 2200a

– Doppelkonzert c-Moll BWV 1060 (Griepenkerl) .... EP 2200b

BEETHOVEN Konzert Nr. 1 C-Dur op. 15 mit Originalkadenzen (Pauer)..... EP 2894a

– Konzert Nr. 2 B-Dur op. 19 mit Originalkadenz (Pauer)....... EP 2894b

– Konzert Nr. 3 c-Moll op. 37...... EP 2894c

– Konzert Nr. 4 G-Dur op. 58 mit Originalkadenzen (Pauer)..... EP 2894d

– Konzert Nr. 5 Es-Dur op. 73 ..... EP 2894e

BRAHMS Konzert Nr. 1 d-Moll op. 15 (Sauer). .... EP 3655

– Konzert Nr. 2 B-Dur op. 83 (Sauer). . EP 3895

CHOPIN Konzert Nr. 1 e-Moll op. 11 (Pozniak) .... EP 2895a

– Konzert Nr. 2 f-Moll op. 21 (Pozniak). .... EP 2895b

– Grande Polonaise brillante Es-Dur mit Andante spianato op. 22....... EP 2968

– Werke für Klavier und Orchester op. 2, 12, 14, 22 (Ausgabe für Klavier zu zwei Händen). .... EP 1912

DEBUSSY Fantaisie G-Dur (Pommer) .... EP 9078k

FAURÉ Ballade Fis-Dur op. 19 .... EP 9568b

FRANCK Symphonische Variationen fis-Moll (Sauer) .... EP 3741

GRIEG Konzert a-Moll op. 16 ...... EP 2164

HAYDN Konzert G-Dur Hob. XVIII:4 mit Kadenzen vom Herausgeber (Hinze-Reinhold) .... EP 4643

– Konzert D-Dur Hob. XVIII:11 mit Originalkadenzen (Hinze-Reinhold) .... EP 4353a

LISZT Konzert Nr. 1 Es-Dur . . . EP 3606

– Konzert Nr. 2 A-Dur .... EP 3607

– Phantasie über ungarische Volksmelodien (Sauer) .... EP 3612

– Konzerte Es-Dur, A-Dur; Danse macabre; Phantasie über ungarische Volksmelodien; Schubert: »Wandererfantasie«; Weber: Polonaise brillante . . . EP 3602c

MENDELSSOHN BARTHOLDY

– Konzert Nr. 1 g-Moll op. 25. . EP 2896a

– Konzert Nr. 2 d-Moll op. 40. . EP 2896b

– Werke für Klavier und Orchester: op. 22, 25, 29, 40, 43 (Ausgabe für Klavier zu 2 Händen) .... EP 1704d

MOSZKOWSKI Konzert E-Dur op. 59 .... EP 2872

W. A. MOZART Sämtliche Klavierkonzerte (Nr. 5-27), Neue Urtext-Ausgabe von Chr. Wolff und Chr. Zacharias, mit Originalkadenzen

– Konzert Nr. 5 D-Dur KV 175 (mit Konzertrondo D-Dur KV 382). . EP 8805

– Konzert Nr. 6 B-Dur KV 238. . EP 8806

– Konzert Nr. 7 F-Dur KV 242 für 3 Klaviere und Orchester (»Lodron-Konzert«), mit Einlage: Fassung für 2 Klaviere vom Komponisten .... EP 8807

– Konzert Nr. 8 C-Dur KV 246 (»Lützow-Konzert«), mit Originalkadenzen .... EP 8808

– Konzert Nr. 9 Es-Dur KV 271 (»Jeunehomme-Konzert«)..... EP 8809

– Konzert Nr. 10 Es-Dur KV 365 für 2 Klaviere und Orchester. . . EP 8810

– Konzert Nr. 11 F-Dur KV 413. . EP 8811

– Konzert Nr. 12 A-Dur KV 414, (mit Rondo A-Dur KV 386) . . . EP 8812

– Konzert Nr. 13 C-Dur KV 415. . EP 8813

W. A. MOZART (Forts.)

– Konzert Nr. 14 Es-Dur KV 449 (»1. Ployer-Konzert«) .... EP 8814

– Konzert Nr. 15 B-Dur KV 450. . EP 8815

– Konzert Nr. 16 D-Dur KV 451. . EP 8816

– Konzert Nr. 17 G-Dur KV 453 (»2. Ployer-Konzert«)........ EP 8817

– Konzert Nr. 18 B-Dur KV 456 (»Paradis-Konzert«) .... EP 8818

– Konzert Nr. 19 F-Dur KV 459 (»2. Krönungskonzert«) ..... EP 8819

– Konzert Nr. 20 d-Moll KV 466 mit Kadenzen von Beethoven und Zacharias .... EP 8820

– Konzert Nr. 21 C-Dur KV 467 mit Kadenzen von Zacharias . . EP 8821

– Konzert Nr. 22 Es-Dur KV 482 mit Kadenzen von Zacharias . . EP 8822

– Konzert Nr. 23 A-Dur KV 488. . EP 8823

– Konzert Nr. 24 c-Moll KV 491 mit Kadenzen von Zacharias . . EP 8824

– Konzert Nr. 25 C-Dur KV 503 mit Kadenz von Zacharias.... EP 8825

– Konzert Nr. 26 D-Dur KV 537 (»1. Krönungskonzert«) mit Kadenz von Zacharias.... EP 8826

– Konzert Nr. 27 B-Dur KV 595. . EP 8827

SAINT-SAËNS Karneval der Tiere Partitur. .... EP 9293

– – Klavier I/II-Stimme ...... EP 9293b

SCHUMANN Konzert a-Moll op. 54 (Sauer). .... EP 2898

– Konzertstück F-Dur für Klavier und Orchester (nach dem Konzertstück für 4 Hörner op. 86) .... EP 8576

SKRJABIN Konzert fis-Moll op. 20 (G. Philipp) .... EP 9283a

TSCHAIKOWSKY

– Konzert Nr. 1 b-Moll op. 23 (Teichmüller) .... EP 3775

– Konzert Nr. 2 G-Dur op. 44. . EP 4644

WEBER Konzertstück f-Moll op. 79 (Ruthardt). .... EP 2899

– Konzert Nr. 1 C-Dur op. 11; Konzert Nr. 2 Es-Dur op. 32; Variationen op. 2, 5, 6, 9, 28, 55 (Ausgabe für Klavier zu zwei Händen)...... EP 717c